Of Amber Waters Woven

Tissée d'eau et d'ambre

Of Amber Waters Woven

Tissée d'eau et d'ambre

poems by

Annick Perrot-Bishop

translated by / traduits par

Neil B. Bishop

Ekstasis Editions

Cover art: Miles Lowry

The original French editions of *Femme au profil d'arbre* and *En longues rivières cachées* were published by Les Éditions David (335-B, rue Cumberland, Ottawa, Ontario K1N 7J3) in 2001 and 2005, respectively.

Published in 2012 by:
Ekstasis Editions Canada Ltd.
Box 8474, Main Postal Outlet
Victoria, B.C. V8W 3S1

Ekstasis Editions
Box 571
Banff, Alberta T1L 1E3

LIBRARY AND ARCHIVES CANADA CATALOGUING IN PUBLICATION

Perrot-Bishop, Annick, 1945-
[Tissée d'eau et d'ambre. English & French]
Of amber waters woven = Tissée d'eau et d'ambre : poems / by Annick Perrot-Bishop ; translated by = traduits par Neil B. Bishop.

Revised translations of: Femme au profil d'arbre and En longues rivières cachées.
English translations with original French texts on facing pages.
ISBN 978-1-897430-79-8

I. Bishop, Neil B. (Neil Breton) II. Title. III. Title: Tissée d'eau et d'ambre. IV. Title: Tissée d'eau et d'ambre. English & French

PS8581.E74745O413 2012 C841'.54 C2012-908115-6E

Canada Council for the Arts
Conseil des Arts du Canada

Of Amber Waters Woven / Tissée d'eau et d'ambre has been published with the assistance of a grant from the Canada Council for the Arts. The translation of *Of Amber Waters Woven / Tissée d'eau et d'ambre* was accomplished with the assistance of the Canada Council for the Arts Translation Program.

Printed and bound in Canada.

Of Amber Waters Woven

Tissée d'eau et d'ambre

Table

Contents

Femme au profil d'arbre

Woman Arborescent

Femme au profil d'arbre

Woman Arborescent

Je suis une femme au profil d'arbre. Ramure qui ploie au moindre vent. De mes doigts effilés, je tente de saisir des fragments de ciel, mais ils m'échappent comme des truites vives. Mes racines s'agacent à force de puiser à d'invincibles mots. Que de fois, ai-je attendu l'aurore! Aveuglée par le passé.

I am woman arborescent. Branches flexing at the slightest breeze. With my slender fingers I try to catch fragments of sky, but they always elude me like skittish trout. My roots fret from grasping at invincible words. How often have I awaited dawn! Eyes blinded by my past.

Tes mains murmurent encore des paroles moribondes sur mon corps déraciné. Dans le glissement du temps, s'éternise novembre et son corbillard de pluies. Nous n'irons plus aux bois. Ni dans les champs où se côtoient les songes. Nos vies se bousculent. Nuées flottantes dans la poigne du vent.

Your hands still murmur moribund words upon my uprooted body. Within time's glide, November is eternal with its long hearse of rains. We shall no longer play in the woods. Nor in those dream-dense fields. Our lives are jostling each other. Mists floating with the wind's clench.

Mon feuillage au souffle de pluie. À la voix des saisons ivres. Paroles qui débordent à la saillie des heures. La nuit, je me mire dans l'obscurité de la terre, et mon double s'éveille, rauque et nu. S'enfonce en dédale de mémoire: tentacules géants, luisantes couleuvres qui se heurtent à la souffrance de la boue. Là, où la tempête brûle les yeux. L'eau s'affole de rouge. Les pensées se noient, hagardes.

My foliage, its rain-swollen breath. Its voice of seasons ecstatic with colour. Words overflowing in the gush of time. At night, I seek my reflection in dark earth; and my double awakens, hoarse and nude. Plunges deep into the maze of memory: giant tentacles, gleaming snakes that collide with suffering mud. Where storms sear the eyes. Panic as the water turns red. Haggard, thoughts drown.

J'ai avalé les couleurs de tes cheveux. Roux soleil gris attente. Bu les lueurs de ton regard. Leur éclat du matin, leurs douces vapeurs tristes. Vertigineuses. Le coeur calé contre tes paupières, je me suis accrochée à tes cils. Au bord du précipice, j'ai vu les fragments de mon visage dans l'hiver de tes yeux.

I swallowed the colours of your hair, sun-red awaiting grey. Drank the glow in your gaze. Its morning splendour, its gentle, sad vapours. Dizzying. My heart pressed upon your eyelids, I clutched to your lashes. From the edge of the abyss, I saw the fragments of my face in the winter of your eyes.

Des haines ruisselantes m'ont séparée de toi. Creusant au plus profond de ton absence. À travers l'épaisseur de notre brouille, j'entends des gémissements. Tes mains s'éloignent à la vitesse de la lumière. Mon corps s'est éteint. Fruit muet.

Torrents of hatred have wrenched us apart. Digging into the furthest depths of your absence. Through the dense layers of our discord, I hear moaning. Your hands flee at the speed of light. My body has fallen numb. Mute fruit.

J'ai les genoux en sang à force de penser à toi. Le dos fracturé par la coupure des mots. La langue lourde de colère avalée. Vers ta bouche invisible, je tends une main obscurcie par le deuil.

I have bloodied my knees thinking of you. My back broken by your cutting words. My tongue heavy with swallowed anger. Towards your invisible mouth, I stretch out my grief-darkened hand.

Le blanc a étouffé la vie. Douceur où grondent encore des pensées caillouteuses. La pluie, avec ses pleurs de sable, s'endort en grignotant la neige. Patiente saison qui tisse ses fils d'angoisse. Emmaillotte mon âme dans un cocon de sel.

White has smothered life. Gentleness where pebble-like thoughts still rumble. Rain, with its sobs of sand, falls asleep, nibbling the snow. Patient season spinning its threads of anguish. Swaddling my soul in a cocoon of salt.

Au plus aigu de soi. Dans la lumière éclatée des branches vives. Où se noient passions et cris. J'implore des bouquets neigeux aux essences d'oubli.

At my soul's keenest point. In bursts of light through forking branches. Where passions and shouts drown. I beseech snowy bouquets, their fragrance oblivion.

Je voudrais être une femme-lune. Calme et silencieuse. À peine roussie par la vie. Je flotterais, blême musique sur la neige. Légère, j'ignorerais le feu qui creuse au ventre. Le gel qui fend l'arbre avant la mort. La tempête qui éclabousse le coeur. Le barbouille d'effroi.

I would like to be a moon-woman. Calm and silent. Barely singed by life. I would float, wan music on the snow. Light-hearted, I would ignore the fire gnawing in my belly. The frost splitting the tree till it dies. The storm splashing down on my heart. Smearing it with dread.

Dans ma nuit, s'éclairent des espaces inconnus. Des yeux imitent mon regard. Visages aux traits mal dessinés. Bouches inachevées qu'il me faudra repeindre, remplir des couleurs fauves de la vie. Pour qu'elles ne chuchotent plus leur tristesse d'ébène.

In my night, unknown spaces light up. Eyes imitate my gaze. Faces with blurred features. Incomplete mouths which I must repaint, fill in with the warm colours of life. So that they will stop whispering their ebony sadness.

Vers le futur, je repartirai. Mais il me faudra enterrer les morts qui flottent dans ma tête. Farder ma face de lune. Reprendre mon âme, accrochée à la tienne par une épingle rouillée.

Towards the future I shall again set forth. But first I must bury the dead floating in my mind. Powder my face with moon-dust. Reclaim my soul, stuck to yours by a rusty pin.

Au creux de l'arbre, j'ai caché mes os. Nudité heureuse. Attente patiente des pousses nouvelles. Des chairs tendres. Oubli des yeux brûlés.

Deep within the tree, I have hidden my bones. Their happy nudity. Their patient wait for new shoots. For tender flesh. My burnt eyes forgotten.

La brise me creuse d'un souffle frais. Murmure contre ma peau frileuse. Des mots ronds comme des collines, acides comme des senteurs mouillées, coupants comme une haleine de mer qui déchire la nuit. Elle se glisse dans ma chevelure en longues rafales brunes, et le halètement de son rire me chatouille le cou, les joues, bondissant soudain pour se joindre à la gesticulation des arbres, avant de repartir vers son gîte secret.

The breeze soaks me through with its cool breath. Murmurs against my shivering skin, words round as hills, sour as wet scents, stinging as sea breath ripping through the night. It seeps into my hair in long, dark gusts, its panting laughter tickling my neck, my cheeks, bounding suddenly to join the gesticulating trees, before returning to its secret den.

Je suis tissée d'eau, de lumières et de moisissure. Dans l'averse de tes mots, j'ai entendu tomber du sang. Blessure intime, née dans l'enfance. Des soleils m'ont hâlé la peau comme une obscurité à venir. Et dans les marais grouillants, j'ai plongé. À la recherche de tes mains berçantes.

I am of water woven, of light and mould. In the down-pour of your words, I heard the splatter of blood. Intimate wound, born of childhood. Suns tanned my skin like a coming darkness. And I dove into the teeming marshes. Seeking your cradling hands.

Fruit perdu des saisons violentes, je m'accroche à la mouvance des feuilles. Danse aux bras chantants que le destin rythme. Des visages se bousculent, se poursuivent à une vitesse vertigineuse. Paroles hurlées, ébauches de vie qui se précipitent en moi, que je tente d'empêcher de naître. Dans l'abîme des bouches, je m'abandonne. Remplis ma soif de ta pulpe sucrée.

A lost fruit from the violent seasons, I cling to the swirling leaves. A dance of singing arms, fate giving the beat.

Your faces hurtle by, chasing each other at dizzying speed. Screamed words, embryonic lives surging within me, whose birth I try to prevent. In this abyss of mouths, I surrender. Quench my thirst with your sweet pulp.

Au printemps, je boirai à la tendresse des eaux. Me blottirai dans le vacillement de l'herbe. Voltigerai dans l'humeur bleue du vent. M'endormirai parfois au bord d'une larme. Pour m'éveiller, le coeur blanchi de sel, les mains creusées d'absence. Alors, j'embrasserai la légèreté de l'ombre. Cette louve apprivoisée qui me conduira vers la senteur de l'humus où s'enracine le ciel.

When spring comes, I shall drink the tender waters, curl up in the swaying grass. Flutter in the wind's blue mood. Sometimes fall asleep, on the edge of a tear. Only to awaken, heart white with salt, hands hollow with absence. Then I shall become light as a shadow: that tamed she-wolf who will lead me to the scent of humus, where the sky takes root.

Entre nous,
le voyage se danse

You and I,

Dancing Through Life

Un coup de feu dans la tête. Un soleil qui tournoie. Ce lieu d'avant me creuse comme une perte. Balancement tiède des banians, fleuve rouge, bleus matins. Dans l'air, le vivant craque contre l'ennui.

Au bord de la plaie, une enfant. Ses seaux de sable assombri d'eau. Elle ignore la chute possible. Toute proche. De ses doigts, elle touche la blessure. Regarde, émerveillée, la rougeur qui s'égoutte, s'épingle sur les aboiements du temps.

A gunshot in my head. Whirling sun. This before-place makes me empty, like a loss. The banyan-trees' warm swaying, the red river, blue mornings. In the air, life crackles against boredom.

At wound's edge, a little girl. Her pails of damp-darkened sand. She's unaware of the possible collapse. Imminent. Her fingers touch the wound. She marvels as she watches the dripping red, sticky on the howls of time.

Dans le métissage de tes yeux, le vent des côtes bouscule la touffeur des rizières. Obscurité de ta peau, soleil profond giflé de neige. Et les confluents de ton sang se déversent dans la grande eau d'un fleuve. Étrange parcours que tu ignores et dont j'aperçois, du bout de l'âge, les méandres.

In your race-mingled eyes, Celtic and tropical, coastal air collides with sweltering rice paddies. With your skin, sun-darkened, snow-slashed. And your blood vessels flow into the vast waters of a great river. Strange journey still unkown to you, and whose meanders I can see from my end of our age.

J'avance vers toi à reculons. Et dans ton regard plein d'attentes, se reflète le mystère de mon destin. Allons-nous nous rejoindre à travers le flottement des larmes? Oseras-tu prendre la main qui t'a trahie, risquant à nouveau l'abandon? Je t'espère au coeur des choses - jamais dites, jamais ressenties - comme la clé de mon présent. Toi seule peux combler la faille où dégringolent à grands cris mes peurs. Blottis-toi dans le noeud de mes pensées. Je serai ton écorce. Et toi, la sève de ma paix.

Pastwards, I approach you. And in your gaze full of hopes, I see the mystery of my fate. Shall we meet through the floating tears? Will you dare take the hand that betrayed you, risk being abandoned again? My hope seeks you in the heart of things—never said, never felt—as the key to my present. My screaming fears tumble into a cleft that you alone can fill. Snuggle in the heart of my thoughts. I shall be your bark. And you, the sap of my peace.

Je me rappelle ton pays. Terre-eau, piquetée de riz. Douceur verdâtre. Pieds lourds des buffles dans la gluance tiède. Sur ta peau, la moiteur des nuits. Foisonnement d'ailes et de pattes, draps pesants fripés de rêves. Tes yeux, ombres lacustres regardant vers le futur: incertain marécage où grouillent les possibles.

I remember your country. Water-soaked soil dotted with rice shoots. Gently green. Water buffaloes, heavy hooves in warm, sticky muck. Muggy nights clammy on your skin. Swarming wings and paws; heavy dream-crumpled sheets. Lake shadows darken your eyes as they look towards the future: an unprobed marsh teeming with possibilities.

Entre nous, le voyage se danse comme un tango. J'avance, la main tendue; et toi, un landau de poupée au bout des bras, tu pousses un avenir qui ne se réalisera pas. Mon sang perdu à jamais, vers ton sang redouté comme une malédiction. Mon ventre vide, vers tes yeux déjà pleins d'histoires où les personnages dialoguent avec l'éternité. La mort qui me regarde du coin de l'oeil, puis s'éloigne, nous laissant tranquilles, toi et moi, toi en moi, petite cigale indomptée par la fourmi que je suis. Nous danserons ensemble, va-et-vient incessant entre l'enfance et le présent. Et ta voix, qui n'a chanté qu'en rêve, m'appellera pour me mettre au pas de tes humeurs. Sais-tu que j'ai parfois envie de me délester de toi? Comme d'un passé trop bruyant?

To and fro between your time and mine, our journey is like a tango. I move forward, hand stretched out; and you, with your doll's pram, are pushing a dream that will not be. My blood lost forever, towards your blood feared like a curse. My empty belly, towards your eyes already full of stories whose characters converse with Eternity. Death peering at me, then moving off, leaving us in peace, you and me, you *in* me, tiny playful butterfly unimpressed by the worker-bee I am. We shall dance together, an endless back-and-forth between childhood and now. And your voice, which has sung only in dream, will call out to me to match my moods to yours.

Do you know, sometimes I want to shed myself of you? As of a strident past?

Tu as ouvert le coeur sur ces premiers mots. Maternels, grand-maternels, ancestralement chantants et mélancoliques. Langue des cris marchands dans la lumière tremblante des lanternes. Des pleurs mendiants sous les guenilles des nourrissons. Langue interdite: menace de disparaître dans la boue indigène.

En moi, la langue se terre. Comme le sang. Oubliée et muette. Palpitations de racines infirmes à la recherche du ventre perdu.

You opened your heart to those first words. Mother's, Grand-Mother's, ancestrally lilting and melancholic. The language of merchants shouting in the flickering lantern light, of beggars' sobs from under the rags of infants. That forbidden language: the threat you'll be swallowed down into that yellow-skinned, aboriginal muck.

In me, that language goes to earth. Like that blood. Forgotten and mute. Quiverings of sickly roots seeking the belly lost.

Ton frêle passé. À jamais enlisé. L'eau y crépitait en torrents d'euphorie.

Sur ta joue, une larme. Lentement séchée par un vent tissu de froid, un soleil complice. Longues heures d'un vieux continent où s'écouleront, métissées de noir, les rouges années.

Your fragile past. Forever bogged down. Where water used to splatter in torrents of glee.

On your cheek, a tear. Slowly dried by winds woven of cold, and a complicit sun. Long hours of an old continent where the red years will flow, mingled with black.

Ton père que tu n'as plus revu. Qui a emporté la couleur de tes joues. Ton sourire des matins naïfs. La rondeur heureuse de tes poignets.

Pour toi, je l'ai cherché partout. Parmi des hommes aux mains griffues qui m'ont lacéré les seins. Ont fragmenté ton corps d'enfant. De l'ombre, je suis revenue. Sachant qu'il était parti trop loin pour entendre ta voix.

Your father whom you never saw again. Who bled the colour from your cheeks. Your smile on those innocent mornings. The happy plumpness of your wrists.

For you, I sought him everywhere. Among men with clawing hands gashing my breasts. Shattered your child's body. From that shadow-land, I returned. Knowing he had gone too far away to hear your voice.

Ce pays-ci est une brise. Une sécheresse tendre, déposée sur la langue, les yeux. Poussière aux senteurs de résine. Aveuglance de bleus. Coquille de ciel sur mer.

Tu regardes le vent se vautrer sur l'eau. Les voiles tissées de sel et d'ambre. La lumière frisée des platanes. Sous l'embrasement des toits, la vieille patience des murs. Tu écoutes ce souffle orangé qui se mêle à ton souffle. Cette clameur opaque écorchée de mobylettes. Craquelures de sons fauves, perfides giclées sur des chaussées meurtries.

This country is breeze. Gentle dryness, covering tongues and eyes. Resin-scented dust. Blinding blues. Sky shell upon the sea.

You watch the wind sprawling over the water. Sails woven of salt and amber. The fuzzy light of the plane-trees. Under the scorching roofs, the walls' ancient patience. You listen to this orange breath mingling with your own. The opaque, flayed clamour of scooters. Viscious, crackling noises, treacherous squirts along scarred asphalt.

Tous les jours, ils t'attendent à la sortie. Leurs yeux clairs que ta peau insulte: chinoise verte d'une autre planète qui a envahi leur territoire. Cour d'école où vos ancêtres, les Gaulois, ricanent sous des casques, en regardant bleuir les coups sur tes paupières gonflées de rage.

Impuissante, je rêve de les étrangler tous. Jusqu'à l'os.

Every day, they're waiting for you when school gets out. Their light-coloured eyes insulted by your skin: "Green Chink" from another planet who has invaded their territory. The school yard where "the Celts, your ancestors" snicker under their helmets as they watch the blows to your rage-filled eyelids turn bruise-blue.

Powerless, I dream of strangling them all. To the bone.

Tu m'as habitée dès le premier cri. Et le temps passe, accumulant sur ton visage des couches d'ombre. Parfois tu surgis dans la désespérance de mes nuits. Me menace de tes peurs qui ne me lâchent plus, me broient le souffle jusqu'à l'âme. Il me faut t'apaiser, recueillir dans mes mains tes larmes et tes craintes. Ta frayeur. Te bercer, pour que le jour revienne avec ses bras de soie.

You've lived in me from your first cry. And time passes, accumulating layers of shadows on your face. Sometimes you surge forth in my despairing nights. Threaten me with your fears which will not let go of me, crushing my breath right to the soul. I have to soothe you, collecting your tears and fears in my palms. Your fright. Gently rock you, so that morning may return with its silken arms.

La vie avait commencé au bout de tes pieds, t'entraînant vers la colline. Puis, elle est montée le long des jambes, et tu t'es mise à courir pour attraper des papillons au bleu silence. Elle n'avait pas encore atteint le haut des cuisses, quand les mains de l'ogre ont détruit le nid qui se préparait. Alors, la vie n'est pas venue s'y blottir. Elle a fait un détour. Est montée directement au coeur, puis à la tête. Le nid s'était froissé sous la caresse interdite.

Et moi, je ne sais plus dire non aux oiseaux de passage. De leur pattes, ils me piétinent. Fripant, feuille à feuille, mes rêves d'amour.

Life had begun at the tips of your toes, pulling you towards the hill. Then, it rose up through your legs, and you began to run to catch butterflies of silent blue. Life had not yet reached the top of your thighs, when the Ogre's clutch destroyed the nest growing there. So life did not come and snuggle there. It detoured. Climbed straight up to the heart, then the head. The nest had crumpled under the forbidden caress.

And I no longer am able to say "No" to the migrant birds. They trample me underfoot. Crumpling, leaf by leaf, my dreams of love.

Pourquoi me griffes-tu de ton crochet d'angoisse? Cette frayeur que tu as de ces géants aux yeux sévères, prêts à punir l'innocence. Tu me saisis par le cou, me plonges dans une mer de sel où je perds le souffle. Lâche prise, sinon nous nous noierons! Laisse-moi te prendre dans mes bras, porter ton corps tremblant sur la rive. Laisse-moi te confier que j'ai tué ton père, ta mère, ta maîtresse d'école. Ainsi que tous ceux qui leur ressemblaient. Et même le juge et le percepteur, imbus de *la loi du plus fort...*

Why are you clawing me with your fright-filled hook? Your fear of those stern-eyed giants ready to punish innocence. You grasp me by the neck, plunging me into a sea of salt where I run out of breath. Let me go, or we'll drown! Let me take you in my arms, carry your trembling body back to the shore. Let me confess that I killed your father, your mother, your school teacher. And all who resembled them. And even the judge and the tax-collector, smug with *might makes right…*

Donne-moi la main. Nous irons à la rencontre des parfums, ramassant des cailloux que nous fourrerons dans nos poches. Et ces fragments du monde se réchaufferont à nos corps. Pierres millénaires qui nous rempliront d'une force nouvelle, pour affronter le sort.

Ensemble, nous oublierons les coups, surgis au détour d'une rue. Ton visage aveuglé par la peur, ton corps creusé de honte. Tes tresses tirées au milieu des rires. Le prince que tu attends n'est pas parmi eux. Il hante tes songes comme l'eau sauvage d'un coeur, le vent à la frange des lèvres. L'éclair brûlant d'un sourire.

Give me your hand. We shall go meet the scents, collecting pebbles and stuffing them in our pockets. And our bodies will warm these fragments of the world. Ancient stones that will fill us with new strength to confront fate.

Together, we shall forget the sudden hail of blows as we rounded a street corner. Your face blinded with fear, your body frayed with shame. Your braids wrenched amid guffaws. The prince you await is not among them. He haunts your dreams like a heart's wild waters, like the wind on your lips. The blinding flash of a smile.

Non, je ne t'abandonnerai pas. Mais je voudrais que tu t'endormes. Que le passé ferme les yeux, desserre sa poigne. Alors, sans bruit, je fermerai la porte. Quitterai la maison où tu reposes. Lorsque tu t'éveilleras, je serai là. Mais laisse-moi respirer la présence du matin, plisser mes yeux en regardant l'aube. Laisse mon coeur battre à son rythme d'été. Je voudrais ne plus sentir la moiteur de ta main qui freine ma course. Me tire vers la nuit. Laisse-moi t'oublier, le temps d'un rêve de légèreté.

Alors, je courrai sur la plage, en criant avec les oiseaux.

No, I shall not abandon you. But I would like you to fall asleep. Let the past close its eyes, loosen its grasp. Then, silently, I shall close the door. Leave the house as you rest. When you awaken, I shall be there. But let me deeply inhale the presence of morning, squinting my eyes as I gaze at the dawn. Let my heart beat its summer rhythm. I would like to no longer feel your sweating palm braking my run. Drawing me back, nightwards. Let me forget you, just long enough for a brief, light-hearted dream.

Then, I'll run free along the beach, whooping with the birds.

Le monde comme un insecte

The World As Insect...

J'avance sur mon rayon de lune. Ma sphère de violence. Ma voix d'arbre en feu. Je parcours ma vie en long et en large. À grands pas d'assassin, à petits sauts de biche. Je cours comme des mains ivres sur la peau du destin. Et, au bout de mes doigts, des murmures complices ébruitent le secret de mes jours.

I drift upon my moonbeam. My sphere of violence. My voice roaring like a tree ablaze. I wander to and fro through my life. With a murderer's long strides, a doe's dainty bounds. I run like drink-crazed hands over the skin of fate. And, at my finger-tips, complicit murmurs whisper the secrets of my life.

Mon corps de terre cuite. Au rouge bercement. Dans sa tiédeur rugueuse, se cachent des neiges lisses. Des champs à l'odeur sucrée. Des pierres aux yeux étincelants. Tout s'entremêle se crée et se recrée. Remue en moi. Tout au long du jour.

My terra-cotta body. Swaying red candle. Its rough warmth hiding smooth swaths of snow. Sweet-smelling fields. Sparkling-eyed stones. Everything mingles, creating and re-creating itself. Is stirring in me. The whole day long.

Le jour. Ce grand loup glauque qui court sur les vagues. Morsures de clarté dans la brume. Son pelage à l'odeur de mer qui s'étire en longues foulées bleues. Retentissantes d'ardeur éblouie.

Day. This great, grey-green wolf bounding on the waves. Bites of light through the mist. Its sea-scented fur flowing in long blue strides. Sonorous with dazzled fervour.

Cette sorcière qui balaie la lumière. Crève les arbres en flots. Torrents d'herbes rousses, soif des murs secs qui se gorgent d'ombres humides. Ruissellement d'euphorie dans le gris des rafales. Éclatements d'oiseaux qui fouillent mes yeux. Ensorcelés d'eau claire.

That witch sweeping away the light. Uprooting trees with churning waves. Torrents of russet grass, thirst of dry walls gorging on damp shadows. Jubilation streaming down in grey gusts. Shards of birds piercing my eyes. Enchanted by clear waters.

Le monde comme un insecte m'absorbe dans sa danse. Ses pas rapides, son visage morose. Je m'abandonne à sa perversité, aux souvenirs qu'il m'offre. Dans le battement de ses ailes, l'haleine fragile des arbres. L'ombre des parfums glacés.

The world, like an insect, draws me into its dance. Its nimble steps, its glum face. I give in to its perversity, its gift of memories. In the beat of its wings, the trees' fragile breath. The shadow of frozen scents.

Le froid, affamé de peau, me prend à la gorge. Grignotte mes poumons en fines bouchées de glace. Pâle, le coeur se terre. Éboulement silencieux. Bouffissures d'indolence.

Cold, starving for skin, grabs me by the throat. Nibbles my lungs in delicate mouthfuls of ice. Pale, my heart caves in, mute landslide; and lies low. Bloated lethargy.

La faim ailée de la pluie. S'abat, comme un oiseau gris. Bec bruissant sur la maigreur de la neige. Petites cavernes obscures où se noie l'hiver.

The winged hunger of rain. Plunges, like a grey bird. Beak scratching on the gaunt snow. Small dark caves where winter drowns.

Dans l'éclaboussure d'un champ. Rouge l'horizon s'enchante. J'appelle ton nom. Poignard dans l'air coupant.

In the splash of a field. The red horizon exults. I call your name. A dagger in the piercing air.

Je viendrai vers toi, au seuil d'un ciel brûlant. Ta bouche avivée de murmures. Je viendrai. Comme on glisse avec le courant. Le coeur au fond des paumes. Libre enfin de cette peur enracinée de froid. Bientôt ton corps, aux lèvres du printemps.

I shall come to you, on the threshold of a burning sky. Your mouth alive with murmurs. I shall come. As one glides with the current. My palms rich with love. Finally free of that cold-rooted fear. Soon your body, lips swelling with spring.

J’ai ton monde dans la peau comme une mer de sel. Âpre au goût. D’une déchirante blancheur. J’ai ton monde qui m’essouffle comme un galop d’écume. M’enchaîne à tes mains, papillons qui meurent à l’aube. Ton monde effrayant qui crie. Comme une ombre qui chavire.

Your world's got under my skin like an ocean of salt. Acrid taste. Searing white. Your world leaves me breathless as galloping froth. Chains me to your hands, butterflies that die at dawn. Your frightening world, crying out. Like a shipwrecked shadow.

Gouffres agités où la peur coule à pic. Monstre aux mille ailes d'écume, vaincu dans sa tentative d'envol. Rugissante splendeur. Aveugle qui s'écorche, contre l'imperturbable griffe de la terre.

Swirling chasms where fear sinks like a stone. A monster with its thousand wings of froth, thwarted in its efforts to soar. Roaring splendour. Blind ocean, scraped by claws of implacable rock.

Tes pas s'envolent sur la dune. Flétrissements d'ailes, convoitise du temps. L'amour se vide en gouttes. Eau salée d'attente qui en silence creuse sa course vers l'impossible. Tes mains en essaim. Soif au goût d'enfer où se perd l'âme folle. Mon corps dérive en miettes vers la chute des coeurs. Alors s'assourdit la clarté des voix. Dans ma tête, des choix s'affolent comme des cous tranchés. À l'horizon, le rêve bat. Tambour qui appelle. Inexorable.

Your feet fly over the dunes. Wings wither, coveted by time. Love drains away in droplets. Waters saline with waiting, silently carving meanders to the impossible. Your swarming hands. Your crazed soul lost in thirst that tastes of hell. My body drifts in bits and pieces towards collapsing hearts. Then the clear voices fade. In my head, choices swirl like slit throats. On the horizon, the dream is throbbing. A drum, calling. Inexorable.

Surtout éviter la chute. On ferme pourtant les yeux pour ignorer le vide. Et le pied trébuche, l'âme bascule. Vents hurleurs. Membres rompus. Rocs amers.

Above all: don't fall. Yet you close your eyes to shut out the void. And your foot stumbles, your soul topples. Screaming winds. Broken limbs. Bitter rocks.

Dans mes yeux, une soif sèche. Ombre pâteuse qui se glisse. Alourdit la langue. Là, où les paroles se terrent. Déchirures des peurs qui s'ouvrent. Se vident de mémoire.

Palpitantes et muettes, mes mains s'agrippent. À des mots de lumière.

My eyes, thirsting for light. A sticky, saliva-coated shadow. Weighing on my tongue, where words are crouching. Fear reopens wounds. Memory flows away.

Fluttering and mute, my hands grasp. At words of light.

Le fleuve coule comme un gravier de nuit. Bouches vaseuses. Gargouillis de pierres contre le fracas des mots. Embrouillis d'algues. Lisse frisson de mort. Éclats de paroles, en bulles esseulées.

The river flows like a night of gravel. Muckish mouths. Gurgle of stones against the rumble of words. Webs of algae. Smooth shiver of death. Bursts of words, in solitary bubbles.

Captifs, un bruissement de feuilles. Un ciel saveur de miel. Une boursouflure de chaleur. Qui s'assoupissent au fond du fleuve dans l'ombre des saisons endormies. Et dans la transparence en dérive, des rires d'arbres se figent. Des soleils s'enfoncent dans des miroirs crevés. Une senteur ferme ses yeux de braise. Repos. Hibernation.

Fracas bleu de la lumière.

Captive: the murmuring of leaves. A honey-flavoured sky. A swollen blister of heat. That doze off on the river bottom, in the shadow of the sleeping seasons. And in the drifting transparency, the trees' laughter freezes. Suns sink into crushed mirrors. A scent shuts its eyes of red-hot embers. Rest. Hibernation.

Blue tumult of the light.

Jardin éclaboussé de cris

The Shout-Splattered Garden

Un craquement dans la glace. Une pointe de feu. Au fond de l'eau, cachée, j'entends le geignement du vent. La saison a changé, me libérant de l'emprise du froid.

Par fragments successifs, je me dévoile. L'eau se met en mouvement. Doux d'abord. Silencieux à travers l'épaisseur des vêtements. Presque tiède. Mon corps frissonne, boursouflé d'immobilité. Au loin, l'odeur de la terre, le goût fade de la pluie. Je retire mon pied de sa gaine de limon. Repousse la glace qui lentement dérive.

Je viens de m'éveiller d'une longue absence.

A crackling in the ice. A fiery lance. Hidden deep in the waters, I hear the wind moan. The season has changed, freeing me from the gripping cold.

Fragment after fragment, I unveil myself. The water begins to move. Gently, at first. Silently, through thick layers of clothing. Almost warm. My body shivers, swollen from immobility. Afar, the scent of humus, the pale taste of rain. I free my foot from its sheath of muck. Push away the slowly drifting ice.

I have just woken from a long absence.

Mes pieds s'enfoncent dans la boue. Chatouillements, baisers humides, qu'interrompt parfois la griffure d'une brindille. Je voudrais oublier l'engourdissement, le silence des eaux. M'ouvrir au frôlement de la lumière, timide impatience. En aval, la saison s'éloigne, emportant avec elle ses gouffres cernés de noir.

My feet sink into the mud. Ticklings, moist kisses sometimes interrupted by scratching twigs. I would like to forget the numbness, the water's silence. Open myself to the shy, eager caresses of light. Downstream, the season moves off, carrying away its black-rimmed chasms.

Des oiseaux chantent dans la maigreur des chairs, ombrées par des désirs rouillés. Des arbres, tombent des fleurs affolées. Dans la senteur bougeuse, s'accrochent des souvenirs pluvieux qui percent mes pupilles. S'enfoncent au fond d'un lac givré.

Birds are singing, gaunt flesh haunted by rusted desires. Panicked flowers fall from the trees. In the meandering odours, rainy memories get caught, piercing my pupils. Sinking to the bottom of a frost-rimmed lake.

Au détour du chemin, il apparaît. Grand comme un fleuve, un matin de printemps. Ses flots battent contre mon coeur, nouveau-né qui tremble. Je plonge ma main dans ses eaux vertes, à peine sorties de l'enfance. Mais il coule en me jetant un bref regard, ignorant la nuit assoiffée de mes yeux. Il sourit jusqu'à la fin, une fossette au coin des lèvres. Avant de se jeter dans la mer et disparaître.

Rounding a bend in the trail, there he is. Vast as a river on a spring morning, waves beating against my quivering, newborn heart. I plunge my hand into his green, youthful waters. But he flows on, glancing briefly at me, ignoring the thirsty night in my eyes. He smiles right to the end, a dimple at the corner of his lips. Before plunging into the sea, and disappearing.

Celui-ci est plus émacié, soleil d'hiver aux cheveux pâles. Il raisonne sans prendre le temps de goûter à la sève qui monte en moi. La solitude coupe nos paroles en filaments de nuit. Il m'embrasse, les mains à l'affût d'un secret. Se détourne lorsque le temps se glisse entre nos corps. Le monde l'appelle, avec ses bruits et ses gestes. Il n'a que faire de mon amitié.

This one is more shrivelled, a pale-haired winter sun. He reasons without taking time to taste the sap rising in me. Solitude cuts our words into shreds of night. He kisses me, hands seeking a secret. Turns away when time slips between our bodies. The world is calling him, with its noises and gestures. He has no use for my friendship.

Je reviens sur mes pas. Vers le grand fleuve aux yeux verts. Mes pieds sur les galets chauds. Dans le limon, mon corps qui s'enfonce, se mêle de vase, pour devenir cette terre-eau, douce et verdâtre. Je retrouve mes songes interrompus. Souvenirs d'une autre saison, qui s'immiscent, vagues ou étincelants, dans le miroir du sommeil.

I backtrack. Towards the great, green-eyed river. My feet on the warm pebbles. My body sinks into the silt, mingles with mud to become that gentle, deep-green earth-water. I rediscover my interrupted dreams. Memories, some blurred, some sparkling, of another season that seeps into the mirror of sleep.

Toute une forêt dans mes poumons. Mélange d'odeurs. Baies gluantes de soleil. Humide profondeur des mousses. Marbrures de bouleaux, langues cendrées des saules. Rumeur des frondaisons qui se tassent dans mes alvéoles. Au bord des cils, le regard flou du vent, pâle oiseau furtif.

A whole forest in my lungs. Mixtures of scents. Berries sun-sticky ripe. Damp depths of moss. Marbled birch, grey-green tongues of the willows. I inhale, drawing the murmuring foliage deep into my blood. On the edge of my eyelids, the wind's hazy gaze, pale furtive bird.

Un souffle poussiéreux se mêle à la moiteur de ma peau. Se glisse dans l'échancrure de mon corsage. Me griffe d'une myriade de sillons. Sous mes pas, des pierres ambrées s'éteignent. Offrant des tombes à toutes celles qui meurent en moi.

A dusty wind mixes with the moisture on my skin. Slips under my neckline. Scratches me with a myriad of furrows. Underfoot, amber stones are fading. Offering tombs to all those selves dying in me.

Lorsque l'instant se brise d'un épi de noirceur, de toutes mes forces j'implore la femme millénaire. Ses crocs de bête oubliée. Sa fourrure obscure. Ses pattes griffant l'haleine fétide de l'angoisse. Son coeur gonflé comme une outre où palpite un poing levé. Au fond des cavernes, presque inaudible, affaiblie par le temps, j'entends sa voix: chuchotis d'eau, glissements de pierres qui m'égratignent l'âme. Ses lourds pieds s'enracinent à chaque pas. Font trembler ma chair trop longtemps séparée d'elle.

When the moment is shattered by a sheaf of blackness, with all my strength I implore the Ancient Woman. The forgotten creature, her fangs. Her dark fur. Her paws clawing her breath fetid with anguish. A raised fist throbs in her heart swollen like a gourd. I can hear, deep within the caves, almost inaudible, weakened by time… her voice: water whisperings, sliding stones scraping my soul. Her heavy feet take root with each step. Make my flesh, too long separated from her, pulse with life.

Je sors, attirée par leurs voix de demi-dieux. Leurs mains qui font chanter ma tête. Leurs coeurs où s'allonge l'absence. Je cours après leurs pensées éphémères, leurs mots pierreux, la frilosité de leurs regards. Espérant boire à leurs bouches des paroles sucrées comme des fraises.

I go outside, drawn by their demigods' voices. Their hands that make my head sing. Their hearts of vast absence. I run after their ephemeral thoughts, their stony words, the chill in their eyes. Hoping to drink from their lips words sweet as strawberries.

Il avance à la frange de l'aube. Vers moi où l'eau frémit en caresses. En blessures. En jubilation d'attentes. Je m'approche pour habiter ses yeux, sa bouche, ses bras d'érable. Et la racine commune de nos jours s'éveille. Bruissement sous ses mains, feuilles sanguines au goût de sel. Son souvenir se plante en moi. Comme un jardin éclaboussé de cris.

He is coming on the fringe of dawn. Towards me, where water quivers with caresses. With wounds. With ecstatic expectation. I approach to dwell in his eyes, his mouth, his maple arms. And the shared root of our days awakens. Beneath his hands murmur blood-red, salt-flavoured leaves. His memory glides its root deep within me. Like a shout-splattered garden.

Mon amant imaginaire, qui vient avec la nuit. Ses mains, oiseaux en folie. Ses cheveux d'aurore perdue qui crépitent sous mes doigts. J'aime le goût de ses lèvres qui saignent entre les miennes. Ses gémissements que je bois, avide. Ses pleurs d'enfant qu'il m'offre et que je console en léchant ses joues et son corps. En moi, il renaît, et en lui, je meurs, sanglotante sous la mouillure de sa langue.

My imaginary lover, who comes with nightfall. His hands like crazed birds. His hair of dawn lost, crackling in my fingers. I love the taste of his lips bleeding between mine. His moans, which I thirstily drink. His child tears that he offers me and which I console by licking his cheeks and body. In me, he is re-born, and in him, I die, sobbing under the moistness of his tongue.

La pluie pénètre ma peau, me grignote le coeur. Il est temps de quitter la rive pour me blottir dans ma gaine de glace. Dans la rivière, gloussent des eaux moribondes. Je m'y endormirai. Dans l'absence des cris, des mensonges au goût de miel. Des amours sans amants et des amants sans amour. Lentement, je m'enfoncerai dans le limon. Sans bruit. Et je resterai là, immobile. Une saison ou deux. Me nourrissant du silence des pierres.

Avant de m'éveiller au délire de la vie.

Rain penetrates my skin, nibbling at my heart. It is time to leave the shore and curl up in my sheath of ice. Dying waters gurgle in the river. There I will fall asleep, in the absence of shouts, of honey-flavoured lies. Of loverless loves and loveless lovers. Slowly, I will sink into the silt. Mutely. And there I'll stay, motionless. A season or two. Nourished by the silence of the stones.

Before awakening to the ecstasy of life.

En longues rivières cachées

In Long, Secret Rivers

L'envers du cœur

The Heart's Dark Underside

Pensées d'eau. Lacs profonds, habités de créatures lentes. Douceur inhumaine. Pensées pourpres. Ramures de sang qui s'enfantent dans la nuit. En orages muets.

Water thoughts. Deep lakes haunted by slow creatures. Inhuman softness. Crimson thoughts. Winding branches of blood wreathing forth in the night. In silent storms.

Limon tiède, mon corps s'enfonce. Se mêle de vase. Verdâtre douceur. Arbres broyés, blessures intimes. Dans la dérive des paupières closes, lent rire muet. Du cauchemar qui me guette.

Warm silt, my body sinks. Mingles with muck. Greenish softness. Crushed trees, inner wounds. Drifting beneath my shut eyelids, slow, silent laughter. From the nightmare prowling after me.

Comme un bruit d'eau, une palpitation. Un clapotis qui s'infiltre dans la brèche naissante. Puis, l'incarnat éperdu des voix qui aiguisent leurs couteaux de lumière. Tranchent la mollesse de l'oubli. Crissent au tournant des yeux, oiseaux nus qui s'enlarment.

A rippling, like some water noise. Lapping, seeping into the fresh-hewn breach. Then, the distraught scarlet of voices honing their knives of light. Cutting through the limp lethargy of buried memories. Screeching in my eyes: naked birds filling with tears.

La mer m'a éventrée. Corps brisé, cheveux hagards. Lame amère. Vain refuge d'algues contre le fracas des os. Carcasse friable. Débris, miettes, poudre. Bouleversée de sang et d'eau. Et doucement prend forme: fantôme de craie. Continent de langueurs et de failles secrètes.

The ocean has gored me open. Broken my body, bedraggled my hair. Bitter sea swells. Algae: futile refuge from clashing bones. My crumbling carcass. Debris, crumbs, powder. Ravaged by blood and water. Slowly I take on a chalk-white, ghostly shape. A withered continent, riddled with secret rifts.

Du cœur, s'ébruitent des fragments de ciel. Assourdis par l'ombre des pensées. Tristesses qui s'amarrent aux ventres lisses des noyées. Comme un doux désir de m'assoupir. Dans le noir précipice des voix.

Fragments of sky murmuring in my heart. Muted by the shadow of my thoughts. Sadness moored to the smooth bellies of the drowned. Like a gentle wish to drowse off. Into the dark abyss of voices.

Dans l'épaisseur de l'eau, la lente lueur des yeux. Frôlements d'écailles, lèvres curieuses marbrées de sel. Multiples langues sur mes seins, mon ventre, mes cuisses. Sur mes jambes, blanches nageoires nues. Je me glisse dans l'haleine bleue des bêtes. Ma bouche téteuse de rêves flous.

Deep within the thick waters, slow, glowing eyes. Gliding scales, probing, salt-mottled lips. Multiple tongues upon my breasts, my belly, my thighs. Upon my legs, now pale, naked fins. I meld into the blue breathing of the water dwellers. My mouth suckling on blurred dreams.

Dormeur des heures profondes, un personnage s'éveille. S'agace de pensées. De paroles fragiles qui se brisent contre des murs de mots. S'éparpillent dans la rumeur sanguine.

Sleeper of the darkest hours, she awakens. Frets with thoughts. With fragile vowels that break on the wall of words, then splatter into her murmuring blood.

L'envers du cœur. Sa face voilée. Qui se déchire dans la déroute du jour. Noirceur gélatineuse, moisissure affolée. De ma joie rouge, l'envers. Qui se dévoile à contrecœur.

The heart's dark underside. Its veiled face. Shredding apart in the rout of day. Viscous blackness, madly sprawling mould. My crimson joy's dark underside. Reluctantly revealed.

J'ai remué le ciel, et le ciel a chaviré. Spirales creusées de chair rouge. Nuées flottantes, dévoreuses de clarté. J'ai remué la terre, et les eaux se sont déversées. Échevelés, les arbres se bousculent, s'entrechoquent. Troncs brisés, craquements à fleur de roc inerte. Termitières renversées d'où s'échappe une multitude grouillante. Sans un cri, mes yeux se tendent. Vers la lumière engloutie.

I shook the sky, and the sky capsized. Coils gouged from red flesh. Floating clouds devouring the light. I shook the earth, and the waters poured forth. Dishevelled trees rush by, jostling each other. Broken trunks, cracking sounds on solid rock. Swarms of termites spew from their toppled nests. Speechless, I gaze, seeking the drowned light.

Mon corps peuplé de sangs. De bouches aux cris multiples. D'âmes chavirées et de sève pourpre. Nervures incandescentes, berceaux de fureurs et d'enfants. Qui feront vibrer ma lente stature d'ombre.

My body, peopled with many bloods. With mouths shouting in a throng of tongues. With shattered souls and crimson sap. Incandescent veins, cradling rage and children, that will make my slow, shadowy stature throb.

Le sommeil de la terre m'est coquille. Contre les cris du vent. L'haleine froide des pierres. Dans ma chair, enfoui, l'arbre de la nuit. Glissements de racines vers une aube inconnue.

The sleeping soil is my shell. Haven from the shrieking wind. The frigid breathing of stones. Buried deep within my flesh, the night-tree. Roots gliding towards some unknown dawn.

Je voudrais clore la faille où bat la déchirure. Me couler au fond d'un nuage. Nuit claire et douce. Corps blotti dans l'antre du songe. Un à un, reprendre les fils. Les tisser en pans de couleur fauve. Animal qui s'étire, ouvre un œil dans la fraîcheur de l'aube.

I want to close the rift and its throbbing wound. Flow deep into a cloud. Some clear and gentle night. My body nestled in a lair of dream. There, one by one, I shall again take up the threads. Weave them into tawny fabric. An animal stretching awake, opening one eye onto the chill of dawn.

Ma joie se mêle aux senteurs pâles. À l'inquiétude creusante. Cratère d'où l'oiseau renaîtra. Son chant vif et bref. Qui repousse la nuit au souffle court. Éveille des vapeurs roses aux franges de sel amer.

My joy mingles with the wan scents. The gnawing worry. A crater where the bird will again be born. Its keen, crisp cry repelling the waning night. Awakening pink vapours along the salt-bitter fringe.

Au bord d'un étang songeur, j'invite une forêt d'eaux vertes. Un cri d'oiseau dans l'ombrée chaude des jours. Senteurs habitées. Gluance de sève. Feuillages qui s'enchantent dans la lumière mouillée.

By a dream-lush pond, I welcome a forest of green waters. A bird calls out in the hot daytime shade. Scents of lives present. Rich, thick sap. Foliage rejoicing in the moist light.

Tes ailes, à voix nue

Your Wings, Bare-voiced

Tu es venu au monde dans un délire de pluies. Frissons obscurs, halètements. Paisible frayeur. Attente au creux de l'infime où tout existe déjà. Oiseaux, mers entières, se ruent dans ton cœur. T'appartiennent comme le temps. Ce silence en dérive où s'immisce l'angoisse.

You came into this world amidst frenzied rain. Obscure shivers, pantings. Calm fear. Long waiting deep within the infinitesimal, where everything already exists. Birds and whole oceans flood your heart. Belong to you like time itself: that drifting silence, gradually pervaded with dread.

Tes ailes, à voix nue. Dans un crèvement d'eaux. Ton souffle ample, prêt à avaler la vie. La mémoire te revient comme une forêt de cris. L'été enflammé d'ambre s'étale sur ta peau. Saison aux désirs fougueux.

Your wings, bare-voiced. In the breaking birth-waters. Your ample breathing, eager to feast on life. Memories flood you like a forest of cries. Amber-flamed summer spreads over your skin. Season of fiery desires.

Ton corps se défait, se mêle à mon corps. Comme une terre rouge, une mer lisse. Une senteur d'algue et de limon. Derrière nous, la pesanteur des chagrins et des ressentiments. Ta légèreté sera la mienne aux limites de la raison. En moi, tes ailes se glissent, poussées par cent soleils.

Your body dissolves, mingling with mine. Like red earth, or a calm sea. Like scents of algae and silt. Behind us, the weight of sorrows and resentments. Your lightness shall be mine, on the frontier of sanity. Within me, your wings glide, thrust by a hundred suns.

Toi, comme une saison. Un champ où je m'allonge en quête de chaleur. Le battement de ton sang m'emporte vers un passé lointain. Un avenir, à la croisée des routes. Cette longue marche ensemble, malgré les cailloux et la boue. À la rencontre de ce qui nous effraie. Présence invisible dans la sépulture de nos pas.

You, like a season. A field where I lie down, thirsting for warmth. Your throbbing blood carries me off towards a distant past. A future, at a crossroads. This long march together, despite the stones and mud. To meet what we fear. That invisible presence in the tomb of our footsteps.

Nos mains, en chuchotis. Rivières de sable. Caresses qui coulent tout au long du jour. Un feu me tisse et ma joie s'allume, mouillée d'attentes. Ton monde creuse ses reflets dans le labyrinthe de ma chair. Et tu t'émerveilles de sa tiédeur profonde.

Our hands, whispering. Rivers of sand. Caresses flowing the whole day long. Fire weaves through me and my glee kindles fierce, moist with desires. Your world casts its radiance within the labyrinth of my flesh. And you revel in my warm depths.

Je retourne aux racines de ton corps. Dans ces minuscules planètes qui se figent un instant, avant de reprendre leur course folle. Ta chair lactée, criant au sortir de la nuit. Cette naissance prolongée qui fait mal. Te griffe jusqu'à l'âme.

I return to the roots of your body. To these minuscule planets that stop for a second, then zoom off on their frantic course. Your milky flesh, crying out as it leaves the night. This drawn-out birthing, so painful. Clawing you to the soul.

À la frange des cils, un instant volé à l'angoisse. Une rumeur nue qui se mêle aux craquements de la nuit. À la soif lente des ombres. Au loin, un froissement contre le ciel gris. Mon désir de toi se recroqueville. Comme une fin d'été.

On the fringe of my eyelashes, a moment stolen from dread. A fragile murmur mingling with the crackling night-sounds. With the slow thirst of shadows. Far off, a rustling against the gray sky. My desire for you shrivels. Like a dying summer.

Dans mon cœur, une brèche. Comme un abîme d'absence. Vertige où dégringolent mes visages brisés. Ton regard tranchant, crispé de froid. Coupant la rondeur bleue de mes rêves. Tes ailes froissées, comme ton nom. Ta lumière qui s'effrite, loin de mon existence. Au fond de la brume, une voix qui s'éloigne. Comme une marée en fuite.

In my heart, a breach. Like an abyss of absence. A chasm wolfing down my sorrow-creased faces. Your axe-edged gaze, tensely cold. Gashing the blue sphere of my dreams. Your wings crumpled, gone dull, like your name. Your light crumbling far from my world. Remote, off in the mist, a voice fades away. Like a fleeing tide.

Ton corps perdu d'avance, cendres éparpillées au vent. Et pourtant, je rêve de saisir tes poignets de sel, tes hanches de sable nu. Tes lèvres gonflées par l'attente. Dans ta chevelure nocturne, une morsure de foin coupé. Comme une promesse déjà déçue. La vie me pousse vers l'impossible. Lourd océan. Qui s'endort à l'infini.

Your body already lost, ashes scattered to the wind. And yet, I dream of seizing your wrists of salt, your hips of naked sand. Your lips swollen with desire. In your night-dark hair, a sheaf of cut hay. Like a promise already unkept. Life pushing me towards the impossible. Leaden ocean, drifting into infinite sleep.

Mon âme se fripe de sommeil, s'engourdit de siècles. Au fond, un soleil craque, se fissure. S'épanche. Un murmure de chaleur crève l'ennui. Une tache d'or s'étale dans l'obscurité sanguine.

My soul is rumpled with sleep, the numbness of centuries. Deep within, a sun fissures, cracks open. Stretches out. A murmur of heat breaks the languor. Golden spot spreading forth within dark blood.

Tout se prépare, au creux vivant des choses. Dans les incertitudes du savoir. Tout se fait, se défait. Sans hâte. Avec la patience des gestes éternels. Nous avons tout le temps. De mourir et de naître. De passer, le regard fier ou l'amertume au corps. Le temps de nous rappeler. Comment était-ce avant? Et après? Une moue au coin des lèvres, nous oublions souvent. Mais cet oubli s'interrompt parfois: l'éclaboussure d'une peau, un éboulis d'odeurs. Et le cœur s'embrase, les ailes se défroissent. Avec un léger bruit de feuilles sèches.

All is evolving, in the living depths of things. In the uncertainties of knowledge. All emerges, then fades. Unhurriedly. With patient, eternal gestures. We have all the time in the world. To die and to be born. To trek through life, with proud gaze or bitter bodies. Long enough to remember. How was it before? And afterwards? Doubt-filled frowns: we often forget. But sometimes that forgetfulness is broken—a splash of skin, cascading scents… And then our hearts flare up, our wings spread forth. With a light rustle of dry leaves.

Derrière l'immobilité, le monde se recrée. Dans les profondeurs de ton corps, le roulis des étoiles. Points aveuglants qui creusent mon regard. Le font basculer dans un tourbillon de formes. Je saisis l'instant à pleine bouche. Virevolte dans la lumière nue de ta peau.

Masked by the stillness, the world is reborn. Deep through your body ripple seas-swells of stars. Dazzling specks that pierce my vision. Send it spinning into a whirlpool of shapes. I bite eagerly into the moment. Swirling in the naked light of your skin.

En gouttes de mémoire

Droplets of Memory

Le vent gardait au fond de son souffle d'invisibles battements d'ailes. Des parfums de mers froissées. Le souvenir des visages qu'il avait griffés de bleu. Des arbres qu'il avait malmenés. Ce vent, né ailleurs, avait traversé des espaces lointains. Collines mauves et crevassées. Rouges déserts frissonnants. Il s'était chargé d'odeurs, de molécules d'eau, de mailles de lumière. D'élans furieux tatoués de froid. De tristesses étrangères qui pénétraient en moi comme des couteaux rouillés.

Submerged in its breath, the wind bore invisible wingbeats. The smell of roiling oceans. The memory of faces it had clawed with blue. Of trees it had mauled. This wind, born far away, had crossed vast distances. Mauve, ravine-fraught hills. Shivering red deserts. It had swept up odours, water molecules, webs of light. Fierce gusts tattooed with cold. Foreign sorrows that pierced me like rusty knives.

Une bourrasque m'a ramenée. Dans une effusion de feuilles. Un égarement d'oiseaux. Une frayeur de flocons. À présent, la neige me brûle le cœur. Crève l'ennui du ciel. Oubliés, les multiples exils. Mes rêves s'amarrent ici. Dans une constante création qui bruit au fond de moi.

A squall brought me back. Amidst a myriad of leaves. Of lost birds. Of panicking snowflakes. Now the snow is searing my heart. Yet it broke the stale gray of the sky. Forgotten are my many exiles. Here shall my dreams drop anchor. While constant creation hums deep in my heart.

Dans une mare, une forêt de bouleaux. Mon doigt longe le contour des feuillages, sillon évanescent. Ce monde est le mien, avec ses résonances secrètes. Sa boue où s'ensommeille un noir vertige. Miroir où tremblotent des arbres aux troncs cendrés. Des ciels tracassés d'ombres. Flou des nuées, branches fantômes. Mon regard plonge et se noie. Dans le froissis indolent de l'eau.

Shimmering in a pond, a birch grove. My finger brushes along the leaves' moist edges, their fleeting grooves. This world is mine, with its secret echoes. Its dark reverie slumbering in the silt. A mirror full of quavering, ashen trunks. A sky harried by shadows. Blurred clouds, ghostly branches. My eyes dive in, drown. In the languid water-murmur.

Mes pieds nus comme des baisers. Mes mains à l'affût d'une vie. Qui s'éparpille en fragments de ciel. En mouillures de songes. En palpitations de plumes et de cris. En gouttes de mémoire. Comment se rappeler cet avant de la vie? Ce souffle hérissé d'ombres qui a choisi de venir ici?

My feet, naked as kisses. My hands in quest of a life that scatters into fragments of sky. Into moist dreams. In a ruffling of feathers and cries. In drops of memory. How could I remember that before-life? That breath, bristling with shadows, that chose to come here?

Mes souvenirs, langues de terre à la dérive. Silence des pierres qui glissent vers la non-mémoire. S'enfoncent, une à une, dans la neige du temps. Blancheur du désir. Froideur des chairs. Cruel sourire du passé.

My memories, drifting isles. Silence of the stones slipping towards oblivion. Sinking, one by one, into the snows of time. White void of desire. Cold flesh. Cruel sneer of the past.

Une sorte de rêve tinte à mes oreilles. Avant de s'étaler en un champ bleuté. Un matin frais s'égare en notes cristallines. Des craquements révèlent, sous la glace, une présence. Métamorphose lente d'un être qui s'éveille, étire ses bras chargés d'eau. Sa faim: une angoisse dans mon regard.

Some sort of dream is ringing in my ears. Before stretching out in a blue field. A cold morning meandering in crystalline notes. Cracks betray a presence beneath the ice. The slow metamorphosis of some awakening creature, stretching out its water-heavy arms. Its hunger: fear in my eyes.

À la pointe des narines, un frisson de mer. Sable grisé de mémoire. Bruine de senteurs qui se coule dans ma bouche. Lèvres ouvertes au souvenir qui creuse sa demeure. Dans l'épaisseur des chairs.

My nostrils quiver as they sense the sea. Sand gleeful with memories. A mist of aromas flowing into my mouth. Lips open to the past hollowing out its lair. In the depths of my flesh.

Des villes entières s'abîment dans le vacarme des mots. Paroles imaginaires à l'aube des grands désirs. Brèves caresses dans l'effleurement de l'air. Un soleil abrupt sur ma peau. Une émeute parfumée de fruits. L'espoir qui s'insurge contre les marées.

Whole cities sink in a din of syllables. Imaginary words at the dawn of great desires. Furtive caresses in the softly brushing air. A burst of sun on my skin. A fruit-scented festival. Hope rebelling against the tides.

La pluie, douceur bruissante. De souvenirs frileux. D'arbres habités de vent. D'éclaboussures qui traversent ma vie. Tapie au fond du cœur, ma joie éclate soudain: fracas d'un géranium, ébouriffé de rouge.

Rain, a gentle rustle. Of shivering memories. Of wind-filled trees. Of stains splashed upon my life. Crouched within my heart, my joy surges forth: a peal of geraniums, tousled with red.

En longues rivières cachées

In Long, Secret Rivers

Au milieu des ruines, tes longs cheveux froissés. Visage maigre, sang qui barbouille ton ventre. Tes yeux, couleur d'algues, glissant hors des décombres. Avec des éclats de rêves fichés dans les pupilles: lointains horizons aux amours tendres. Tes hivers, comme de longues nuits blanches. Où s'éveillent des bruits de vent, des paroles de glace. Les fantômes gris des ciels mourants.

Among the ruins, your long, dishevelled hair. Your gaunt face, your belly smeared with blood. Your eyes, algae-coloured, sliding out of the rubble. With nuggets of dream in your pupils: distant horizons of tender love. Your winters, long, sleepless nights of noisy winds swelling into howling words of ice. Gray ghosts of dying skies.

Ta jeunesse te bouscule comme un saule qu'on malmène. Pleureur qui croît dans le sel des larmes. Les gifles en rafales. Les déchirements d'eau. Gouttes en folie emportées par le vent. Tu t'ébroues pour te vider de tes tourments. Sauvages éboulis. Vaine agitation contre la tempête des mots.

Jostled by your youth, you feel like a battered weeping willow. Rooted in tear-salt. Flurries of slaps on your face. Stinging waters. Drops madly swept away by the wind. You shake yourself to expel your torments. Cascading screes. Vainly struggling against the tempest of words.

Au creux de ton ventre, une petite boule noire. Fruit sec et dur comme un poing. La nuit, aux quatre coins de ta tête, elle court. Brûlures de colère, haines tapies, peurs en furie. Et durant le jour, elle étouffe le plaisir de l'instant. Tandis que tu cries ta révolte, contre le sang qu'elle puise dans tes veines.

Deep in your belly, a small, black lump. A dry fruit, hard as a fist. At night, it scurries all around in your head. Flames of anger, crouching hatreds, furious fears. In the daytime, the lump smothers each instant of joy. While you shout your revolt as it sucks the blood from your veins.

Tes amants. Leurs longs rires amers. Leurs yeux, éclairs obliques. Qui tiennent à l'écart la tendresse comme une grande eau noyeuse. Cette humide caresse sur leur peau de bois sec. Ce frisson qui fendille leur âme, de peur emmaillotée. Leurs voix fortes soudain. Pour couvrir les battements d'un cœur qui tremble dans la nuit.

Your lovers. Their long, bitter guffaws. Their eyes, gleaming daggers. Repulsing tenderness like a vast, drowning sea-swell. Your moist caress on their skin of dry wood. Their spasms, splintering their fear-wrapped souls. Their voices suddenly loud. To cover the beating of their hearts, trembling in the night.

Dans ta chair, une brisure de lumière. Mouvement incessant. Vibrations lentes. Clapotis de conscience. Tu restes immobile. Attends que la douleur s'apaise. S'écoule dans ton corps en longues rivières cachées.

In your flesh, a sliver of light. Constant movement. Slow vibrations, lapping on the foreshore of consciousness. You: unflinching. Waiting for the pain to subside. To flow out of your body in long, secret rivers.

Du plus profond des eaux, émergent tes chagrins confondus. Ravinements qui te creusent en long et en large. Lumières et brumes, désirs et rejets. Tu te vides de mots et d'encre. De longues colères grises assoupies dans ta chair. T'enivres de joies, de grands et petits riens. Pour mieux te réinventer, t'amarrer à chaque vague. À chaque visage perdu, étincelant d'eau brève.

From the depths of the waters emerge your mingled sorrows. Gullies furrowing you all over. Lights and mists, desires and rejections. You empty yourself of words and ink. Of old, gray wraths slumbering in your flesh. You revel in a host of joys, big ones and small. The better to be born again, you meld with each wave. With each forgotten face, briefly gleaming with water.

Mots, vie ajoutée à ta vie. Criblures d'oiseaux sur ciel blanc. Leur absence et ton corps se vide. S'écroule en peau flétrie. Mots, ossature de ton cœur.

Words: life added to your life. Minute birds against a white sky. Without them, your body goes empty. Collapses into a pile of withered skin. Words: bones of your heart.

Tes amours imaginaires. Sans mains. Doux frôlements à jamais perdus. Sans bouche. Râle de la peau qui s'éteint, à bout de fièvre. Sans bras, sans chair, sans eaux. Inodores. Avec, au cœur, un frémissement vain des doigts.

Your imaginary loves. Handless. Soft touches, forever lost. Mouthless. Groans from fading skin, fevered dry. Armless, fleshless, withered. Scentless. In your heart, fingers quiver in vain.

La vie t'a emportée comme un bruit sourd. Une volée d'oiseaux. Un œil qui se ferme dans la nuit. J'écoute s'endormir ta voix sous la neige molle. Ton souffle crispé tisonnant ta poitrine. Ta respiration de brouillard qui se colle aux murs. Puis s'apaise le temps. Et ton monde s'éteint. Ruissellement lent au creux des terres fertiles.

Life carried you off with a dull sound. A flight of birds. An eye closing in the night. I listen to your voice falling asleep under the soft snow. Your taut breathing like a fire-iron in your lungs. Your foggy breath sticking to the walls. Then time grows still. Your world falls dark. Flowing slowly down, deep into the fertile soil.

La vie, ses visages
en mouvance

Life's Ever-Changing Faces

Je me souviens de ces mondes aux teintes mauves. Aux parfums d'herbes sèches. Ces mondes où elle vivait dans une intimité dormante. Terres premières, grouillant d'insectes et de serpents. Où nous *étions* insectes et serpents. Je me souviens et puis j'oublie. Comme si nous n'existions pas avant. Comme si je ne l'avais jamais rencontrée, aimée ou haïe.

I remember those mauve-hued worlds. Their scent of dry grass. Those worlds in which life dwelt in slumbering intimacy. Lands of genesis, swarming with insects and snakes. Where *we* were insects and snakes. I remember, and then forget. As though we had not existed before. As though I had never met life, nor loved nor hated her.

Dans un roulis sauvage, elle envahit mon corps. Se glisse dans le bercement du sang. Le tapage du cœur. Me remplit de sa saveur intime. Molécules insouciantes, souffle qui soulève mon souffle. Se repose un instant, dans l'impatient silence qui précède le cri.

In fierce swells, life invades my body. Melds with the cradling rhythm of my blood. My drumming heart. Fills me with her private scent. Carefree molecules, breaths that uplift my own. Rests a moment, in the eager silence that foreruns the cry.

Une bourrasque m'a emportée loin d'elle. Au creux noir des tempêtes. Je reviens comme on revient chez soi. Au centre du monde. Dans ce paradis retrouvé. Dans ma main, ses visages en mouvance. Vertiges qui me déracinent.

A gale carried me far off from life. Deep into the black-hearted storms. I am returning now, as one returns home. To the centre of the world. To this paradise reclaimed. In my hand, life's ever-changing faces. So dizzying, they're uprooting me anew.

Ses mains, dans l'impatience du vent, l'ivresse des eaux. L'apparente immobilité de la pierre. Elle flotte, plonge et s'élance. Et pourtant, je reste aveugle à ses gestes, sourde à son chant. Seul mon cœur la reconnaît, car il lui ressemble.

Life's hands in the impatient wind, the ecstatic waters. In the seeming immobility of stone. She floats, dives and soars. And yet, I am blind to life's gestures, deaf to her song. My heart alone recognizes life, beat for beat.

En elle, la nuit et le jour. Le sable de ma peau, la densité de mes os. J'entre dans sa danse, colle mes mouvements à ses gestes. Mon souffle à son souffle. Ma vie à la sienne.

In life: night, and day. My sand-rough skin, the weight of my bones. I join life's dance, melding my movements to her gestures. My breathing to her breath. My life to hers.

Elle me parle de sa voix sourde. Et mon cœur se brise en cascades de cris. S'effiloche au cours des siècles. Guerres ou massacres. Famines à peine oubliées. Lumière des arbres l'automne, comme des éclats de sons au milieu de la brume. À travers les branches, j'aperçois ses visages effeuillés: multiples destins de ma vie.

Life is speaking to me in a shrouded voice. And my heart breaks into cascades of cries. Frays along the centuries. Wars or massacres. Famines barely forgotten. Luminous autumn trees, like slivers of sound in the mist. Through the branches, I see life's leafless faces: the multiple paths of my destinies.

Je m'invente au fil des heures, dans le perpétuel mouvement des choses. En moi, naissent et meurent des univers. Des voix palpitent au rythme de mon sang. Ma vie s'écrit comme un destin. À la vitesse des poussières filantes qui m'habitent.

I invent myself as the hours go by, in the constant flow of time. In me, whole universes are born, and die. Voices chant to the rhythm of my blood. My life is writing itself, its destiny. At the speed of the fleeting flecks within me.

Je me glisse dans l'intimité d'un galet. Dans sa conscience lente, libre de la peur et du ressentiment. Sans craindre les vagues qui me bousculent. Et je vis dans l'indifférence des marées, en oubliant le temps. Chargée pourtant d'un passé millénaire, que berce le doux vacarme de la mer.

I am seeping into the heart of a pebble. Into its slow consciousness, free of fear and bitterness. Without dreading the waves jostling me. Heedless of tide and time. Yet I'm rich with an ancient past, gently rocked by the soft din of the sea.

Dans le reflux des vagues, le grondement des siècles. La longue histoire des années d'errance. Des polissages et des multiples séparations. Jusqu'au grain le plus fin. L'écume la plus brillante, évaporée dans l'air. Alors, je tente de m'échapper. Pour rejoindre cette buée sur la vitre qui me raconte d'où je viens.

In the ebbing waves echoes the rumble of centuries. The long story of my wandering years. Of smoothing erosions, and countless granulations. Down to the finest speck. To the brightest foam, melting into air. Then, I try to escape. To rise onto the window pane, blending with the mist that will tell me whence I've come.

Acknowledgements:

Different versions of the following poems were previously published in anthologies: "I swallowed the colours of your hair," "This country is breeze," *The Backyards of Heaven,* 2003. "My foliage," "When the moment is shattered," "He is coming," *Translit Volume* 6, 2004.

About the Author

Annick Perrot-Bishop is a Francophone Canadian author of multicultural background (Vietnamese, Indian and French). A resident of St. John's, Newfoundland, she has published some sixty short stories and translations in literary journals and anthologies as well as five books. Her highly-acclaimed poetry collection *Femme au profil d'arbre* (Éditions David) was published by Ekstasis Editions in Neil Bishop's English translation as *Woman Arborescent* (2005). *In Long, Secret Rivers* is Neil Bishop's translation of Annick Perrot-Bishop's *En longues rivières cachées* (Eds. David), originally published by Ekstasis Editions in 2010.

About the Translator

Neil B. Bishop has translated books by many writers from Quebec, including two titles by Robert Lalonde for Ekstasis Editions, *One Beautiful Day to Come* and *The Whole Wide World. In Long, Secret Rivers* is Neil Bishop's translation of Annick Perrot-Bishop's *En longues rivières cachées*, a translation for which he won First Prize in the prestigious John Dryden Translation Competition (2008), organized by the British Comparative Literature Association and the British Centre for Literary Translation. He teaches in the Department of Spanish and French at Memorial University in St. John's, Newfoundland, where he live with his wife, Annick Perrot-Bishop.